Martina Dannheimer

1 Tag in Köln –
Martinas Kurztrip zum Dom
und zu den Heinzelmännchen

Bibliografische Information der Deutschen Nationalbibliothek:

Die Deutsche Nationalbibliothek verzeichnet diese Publikation in der Deutschen Nationalbibliografie; detaillierte bibliografische Daten sind im Internet über http://dnb.d-nb.de abrufbar.

Impressum:

Lektorat: Caroline Schnitzer, Peter Schmid-Meil

Copyright © 2013 GRIN & Travel

Ein Imprint der GRIN Verlag GmbH

travel.grin.com

Die Lust an Städtereisen	4
Köln is en Jeföhl	5
Die Deutzer Brücke und die kleinen Unterschiede zwischen links- und rechtsrheinisch	5
Liebe auf der Hohenzollernbrücke	6
Das Wahrzeichen Kölns: der Dom	8
Der Heinrich-Böll-Platz	8
Was man im Dom nicht tun sollte	9
Ein bisschen Domgeschichte	10
Spaß- und Relaxprogramm	12
Shopping und närrische Vorfreude in Köln: Hohe Straße, Schildergasse, Neumarkt	12
Weiße Schokobananen auf dem Weihnachtsmarkt am Rudolfplatz	13
Grillen, Baden, Chillen – Der Aachener Weiher	14
Kult: Das Belgische Viertel	15
Von Heinzelmännchen und dem 1. FC Köln	17
Barbarossaplatz und Top-Karnevalskneipen in der Zülpicher Straße	17
Ausklang mit dem 1. FC Köln	18
Heinzelmännchen am Alten Markt	19
Mein Fazit	20
Links zu Köln	21
Bildnachweis	21

Die Lust an Städtereisen

„Nicht nur lange Reisen machen Spaß" ist das Motto, nach dem ich lebe und meine Reiselust stille. Mit meinen Berichten „1 Tag in …" möchte ich zu Kurztrips inspirieren und zeigen, was man alles an einem einzigen Tag in einer Stadt erleben kann. Hier gibt es jede Menge Tipps zum Nachmachen für alle, die wenig Zeit zum Reisen haben oder deren Geldbeutel – wie meiner – nicht endlos gefüllt ist.

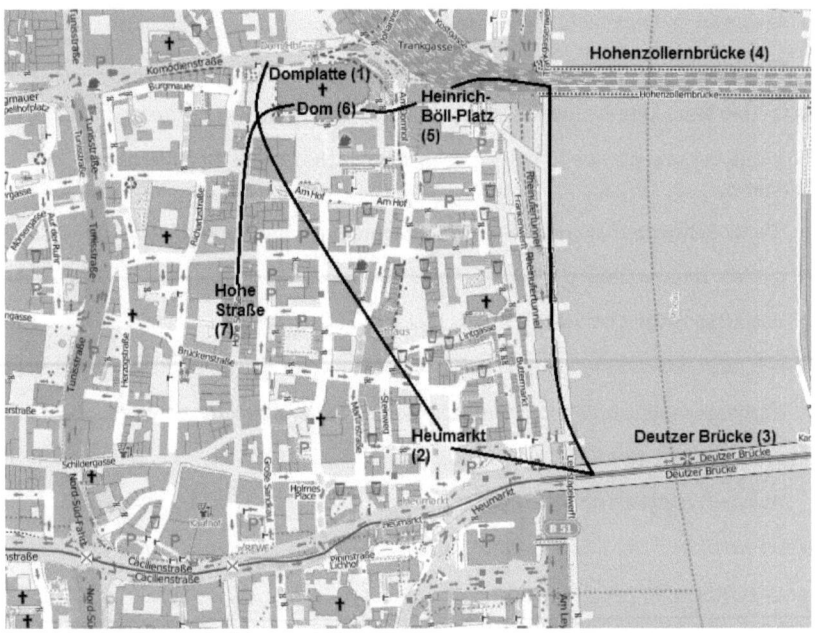

Köln-Route Teil 1. Quelle: OpenStreetMap und Mitwirkende, CC BY-SA

Köln is en Jeföhl

Bahnhöfe sind ja so gar nicht mein Ding. Während ich an (fast) jedem Flughafen in sofortiges Schwelgen verfalle, lösen Gleise einen Fluchtreflex bei mir aus. So auch in Köln. Zwar wollte ich die unheiligen Hallen schnellstmöglich verlassen, stoppte aber noch schnell bei meinem Lieblingsbäcker und rüstete mich mit einem 1.000 Kalorien-Streuseltaler für mein vollgepacktes Tagesprogramm. Ja, ja, ich hätte mich vielleicht mit einem halven Hahn (halbes Roggenbrötchen, Gouda und Zwiebelringe) oder Himmel un Ääd (Kartoffelpüree, Blutwurst und gebratene Zwiebelringe) auf das Kölsche Lebensgefühl einstimmen sollen. Jenes drang mir aber auch ohne Gaumenfreuden in jede einzelne Pore.

Köln is en Jeföhl, sagt man, und ich kann das nur bestätigen. Da die Götter vor das Vergnügen allerdings den Schweiß gesetzt haben, musste ich erst einmal malochen. Sprich, ich hievte meinen Koffer die gefühlt 100 Stufen zur Domplatte (1) empor und zog den Reise-Klotz durch die Altstadt. Heilfroh checkte ich schließlich am Heumarkt (2) in meinem Hotel ein. Danach machte ich mich mit Frau Kolumna auf die Socken. (Anmerkung: Frau Kolumna ist meine Spiegelreflexkamera.)

Die Deutzer Brücke und die kleinen Unterschiede zwischen links- und rechtsrheinisch

Mit meiner Kamera stand ich schließlich auf der Deutzer Brücke (3). Der Blick auf Vater Rhein, der im schweizerischen Graubünden entspringt, entschädigte mich für meine Anstrengungen. Mit seinen 1.233 Kilometern fließt er übrigens durch halb Europa und mündet in die Nordsee. In Köln sorgt er für ein gespaltenes Verhältnis. So teilt er die Domstadt in das linksrheinische, das „richtige" Köln, und die schäl Sick, also die falsche Seite. Warum rechtsrheinisch verpönt war, hat wohl mit dem frühen Mittelalter zu tun. Entsprechend der religiösen Trennung wohnten damals die Christen auf der linken, die Heiden auf der rechten Seite des Rheins.

Blick von der Deutzer Brücke auf die Hohenzollernbrücke, den Rhein und den Dom

Ich beschloss, mich ausschließlich in den linken Gefilden zu bewegen. Was allerdings nicht an etwaigen Vorurteilen lag, sondern an den Kreuzchen meines Hoteliers. Auf meinem Stadtplan hatte er nämlich alle sehenswerten Flecken markiert und selbige waren bis auf den Rheinpark links. Das größte X malte er dabei auf den Dom. Ich kannte die berühmte Kirche zwar schon, dennoch wollte ich artig dem Rat des freundlichen Mannes folgen.

Liebe auf der Hohenzollernbrücke

Ich konnte mich noch nicht vom Rhein trennen. Somit flanierte ich eine Weile am Ufer entlang, bis ich schließlich vor der Hohenzollernbrücke stand (4). Vor allem die vielen Liebesschlösser auf der Eisenbahnbrücke sind über die Grenzen Kölns hinaus bekannt.

Die Trennung vom Rhein fiel mir schwer – die Hohenzollernbrücke

Offensichtlich kann Liebe auch aus Metall sein.

Das Wahrzeichen Kölns: der Dom

Drehung um 180 Grad, Dom, ich komme. Ich schlenderte über den Heinrich-Böll-Platz (5) und hatte mal wieder das Vergnügen unzähliger Stufen. Also nicht, dass hier ein falscher Eindruck entsteht. Ich bin sportlich und zwar so richtig. Nahezu jeden Tag schnüre ich meine Laufschuhe und trabe durch die Gegend. Egal ob in Hamburg, Barcelona oder im Allgäu. Na gut, zugegeben, in Kölle hatte ich sie nicht dabei. In jedem Fall würde ich mir eine ganz passable Kondition bestätigen. Treppensteigen ist für mich allerdings Hochleistungssport, Schnappatmung inklusive. Ich keuchte und musste mich zusammenreißen, dass meine Hände nicht allzu sehr zitterten. Schließlich wollte ich ein paar passable Fotos schießen.

Der Heinrich-Böll-Platz

Künstlerisch gilt der Heinrich-Böll-Platz als der bedeutendste von ganz Köln. Unter anderem begeistert die Skulptur Ma'alot, die die Handschrift des israelischen Künstlers Dani Karavan trägt. Ma'alot ist ein hebräischer Begriff, der für „Aufsteigen", „Stufen", „Treppen" und „oben sein" steht. Genauso aber für die positiven Eigenschaften eines Menschen. Das begehbare Bauwerk aus Granit und Eisen erinnerte mich durch seine Bauweise an anarchische Sonnenheiligtümer.

Ma'alot auf dem Heinrich-Böll-Platz

Was man im Dom nicht tun sollte

Ein paar Meter weiter begann der Weihnachtsmarkt vor dem Dom (6). Doch gebrannte Mandeln und Feuerzangenbowle waren später an der Reihe. Ebenso verbot ich mir einen Brauhausbesuch im verlockenden Gaffel am Dom.

Gaffel am Dom

Jetzt hatte die imposante Kirche meine uneingeschränkte Aufmerksamkeit. Anstatt zu staunen musste ich aber schmunzeln. Ich erinnerte mich daran, wie ich einst wegen unzüchtigen Verhaltens aus dem Kölner Dom rausgeschmissen worden war. Um mich gleich wieder in Schutz zu nehmen: Ich selbst war nicht der Sündenbock. Ein befreundetes Pärchen hatte im Gotteshaus die frisch verliebte Zuneigung bekunden wollen. Da es sich dort offensichtlich um eine kussfreie Zone handelt, hatte uns ein Geistlicher vehement der Tür verwiesen. Weil ich Gott sei Dank kein lebenslanges Hausverbot erteilt bekommen hatte, durfte ich die außergewöhnliche Kirche auch dieses Mal von innen betrachten.

Der imposante Kölner Dom

Ein bisschen Domgeschichte

Die Kölner Christen suchten bereits im spätrömischen Zeitalter den Platz auf, an dem der Dom heute steht. Um 870 entstand dort der Alte Dom, ein karolingisches Bauwerk. Im Laufe der Zeit folgten immer größere Gotteshäuser. Ein bedeutender Meilenstein wurde 1164 gelegt, als die Reliquien der Heiligen Drei Könige Einzug hielten und sich der Dom zu einer der wichtigsten europäischen Wallfahrtskirchen entwickelte. Soweit so gut, die Optik passte mit der Zeit aber nicht mehr zu diesem Status. Somit musste eine neue Architektur her, weshalb der Alte Dom abgerissen wurde und der Bau des Neuen startete. Ein Ewigkeitsunterfangen, das zumindest bis 1530 im Gange war. Ab dann fehlten Geld und Interesse – die Arbeiten ruhten. Einige Jahre fungierte das imposante Gebäude sogar als Lagerhalle und Pferdestall.

Glücklicherweise kehrte mit der Zeit die Dom-Leidenschaft bei den Kölnern zurück, und der Aufbau wurde im Jahre 1842 fortgesetzt. Von da an gab es kein Zurück mehr. Selbst die Zerstörungen im Zweiten Weltkrieg konnten die gotische Kathedrale nicht auslöschen. So zählt das Kölner Wahrzeichen heute zum UNESCO Weltkulturerbe und zieht jährlich an die sechs Millionen Besucher in seinen Bann. Zur heiligen Messe, zum Sightseeing – oder zur gemeinsamen Visite mit „Hätz un Jeföhl".

Buntes Treiben vor dem Dom

Gigantisch – der Dom von unten

Spaß- und Relaxprogramm

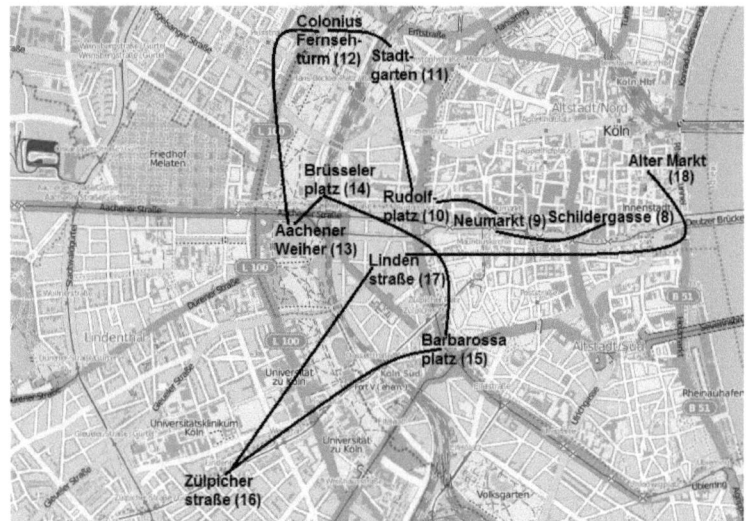

Köln-Route Teil 2. Quelle: OpenStreetMap und Mitwirkende, CC BY-SA

Shopping und närrische Vorfreude in Köln: Hohe Straße, Schildergasse, Neumarkt

Bevor ich weiterzog, genoss ich das Treiben auf der Domplatte: Pantomimen, Promoter, Menschen en masse. Ich schätze, mindestens 80 Prozent davon waren Touristen. Würde mich ja tierisch interessieren, wie viele Bilder hier pro Minute geschossen werden.

Noch mehr interessierte mich aber jetzt die Hohe Straße (7). Zusammen mit der Schildergasse (8) bildet sie die Haupt-Shoppingmeile von Köln. Und ganz ehrlich: Ich finde, dass Köln die beste Fußgängerzone in ganz Deutschland hat. Sowohl in puncto Shopping, als auch in puncto Flair. Somit kostete ich meinen 30-minütigen Bummel voll aus. Dass ich mir hier nur eine halbe Stunde gönnte, lag ausschließlich an meiner straffen Agenda. In meinem Stadtplan waren nämlich noch so einige Markierungen, die abgearbeitet werden wollten.

Getümmel in der Fußgängerzone

Als ich die Schildergasse verließ, stand ich auf dem Neumarkt (9). Ich spürte, wie sich mein Puls der 200 näherte. Der Grund für meine Tachykardie war meine Erinnerung: Im Februar dieses Jahres hatte ich hier gestanden – mit Strohhut, Hawaiikette und lila Leggings samt Netzstrumpfhose. Ich hatte mit der Meute lauthals „Kölle Alaaaaaaf" um die Wette gebrüllt. Schon jetzt freute ich mich wieder unglaublich auf den nächsten Karneval! Da meine Kostümwahl noch nicht genau feststand, wollte ich später noch in einem Karnevalsgeschäft vorbeischauen. Unzählige Weihnachtsmärkte lenkten mich fürs Erste aber ganz gut von meiner närrischen Vorfreude ab.

Weiße Schokobananen auf dem Weihnachtsmarkt am Rudolfplatz

Bloß ein Katzensprung vom Neumarkt entfernt, befindet sich der Rudolfplatz (10). Ich wollte mir nun endlich eine süße Leckerei gönnen und entschied mich für eine weiße Schokobanane. Obwohl mir danach beinahe übel war, fühlte ich mich gestärkt. Ich beschloss, mein Weihnachtsmarkt-Hopping um eine weitere Station zu ergänzen und besuchte den Stadtgarten (11). Leider öffneten dort die Buden erst am späten Nachmittag, sodass ich meine Route in Richtung Aachener Weiher fortsetzte. Die Marschroute führte dabei durch den Inneren

Grüngürtel und am Fernmeldeturm Colonius (12) vorbei. Mit extremem Hohlkreuz – ich wundere mich manchmal selbst über meine Biegsamkeit – fotografierte ich das 266 Meter hohe Bauwerk. Ich genoss dieses Stück Natur inmitten der Domstadt und zudem ein paar knackige Jogger, die mich im Minutentakt überholten.

Der Fernmeldeturm Colonius

Grillen, Baden, Chillen – Der Aachener Weiher

Jogger traf ich auch an meinem Etappenziel, dem Aachener Weiher (13). Eigentlich ist er ja nur ein kleiner Teich im Herzen Kölns. Eigentlich. Denn dieser Ort ist Kult, insbesondere in den Sommermonaten. Hier trifft sich Köln: zum Grillen, Baden, Chillen – egal ob Student, Unternehmer oder Yuppie. Der Aachener Weiher ist einfach Kult. Ich spazierte bei fünf Grad Celsius ein Stück am Ufer entlang und beschloss, dass ich spätestens im Mai wieder hier sitzen würde. Hach!

Bei fünf Grad Celsius am Aachener Weiher

Kult: Das Belgische Viertel

Auch das Belgische Viertel genießt Kultstatus und ist selbst bei winterlichen Temperaturen sehenswert. *„Es ist ein Muss"*, hatte mir meine liebe Freundin aus Köln nahegelegt und folgsam wie ich bin, stand ich schließlich am Brüsseler Platz (14). *„Im Sommer ist hier rund um die Uhr was los. Jeden Tag, wie in südländischen Gefilden."*, sagte meine Freundin.

Bis spät in die Nacht stehen und sitzen die Menschen auf der Straße oder vor den unzähligen Kneipen und Cafés. Wer hier wohnt, braucht gute Nerven, eine schallisolierte Wohnung, oder macht am besten einfach mit. Mit Bedacht bestaunte ich sämtliche Lokalitäten und Häuser und erweiterte meinen Mai-Plan um einen weiteren Punkt. Für heute ließ ich das Szeneviertel hinter mir und machte mich auf die Socken Richtung Barbarossaplatz (15).

Das Belgische Viertel wirkt im Winter etwas trist,
aber im Sommer tobt hier das (Party-)Leben.

Von Heinzelmännchen und dem 1. FC Köln

Barbarossaplatz und Top-Karnevalskneipen in der Zülpicher Straße

Der Barbarossaplatz selbst ist kein großes Highlight. Ich kenne ihn vor allem als Umsteigeplatz von einer Straßenbahn in die nächste. Aber unweit des Barbarossaplatzes beginnt die Zülpicher Straße (16). Und tataaa, da war sie wieder, meine unbändige Vorfreude auf Karneval. Denn hier ist eine der Hochburgen in der Hochburg. Auf der Zülpicher Straße befinden sich „die Top-Karnevalskneipen", wie mir ein Bekannter verriet. Etwa Oma Kleinmann, wo man nicht bloß sensationelle Schnitzel, sondern zudem grandiose Stimmung serviert bekommt. Aber auch bei anderen Großereignissen ist die Zülpicher Straße DER Feiertreffpunkt, etwa während Fußball-Welt- oder Europameisterschaften.

Zülpicher Straße: ein Karneval-Muss

Zufallsbekanntschaft mit der Kultbrauerei Päffgen – sie lag auf meinem Weg

Ausklang mit dem 1. FC Köln

Wo wir gerade beim Thema sind: Den krönenden Tagesabschluss bildete nämlich ein Fußballspiel des 1. FC Köln, das ich in einer Kneipe auf der Lindenstraße (17) miterlebte. Da ich mich mit dem vorhin erwähnten Bekannten traf, der für seinen Verein hauen, stechen und morden würde, musste ich da wohl durch. Ich musste mich fast hineinpressen, als ich die Lokalität 30 Minuten vor Spielbeginn betrat. Köln schien seinem Zweitligisten uneingeschränkt treu zu sein. Ich bestellte mein Lieblingsgetränk und spürte die angewiderten Blicke – süße Weißweinschorle mit Sprite. In Köln trinkt man Kölsch, nichts anderes. Ich war eben doch anders.

Während der nächsten 90 Minuten beschäftigte ich mich überwiegend mit meinem „Gesöff", denn mein Bekannter und seine Gefolgschaft waren alle mit Gucken, Ausrasten, allerdings nicht mit Jubeln beschäftigt, denn Köln verlor. Da es ein Achtelfinale war, war Schluss – mit meinem Abend ebenfalls. Denn mein Bekannter wollte mit sich und seinem Weltschmerz allein sein und diesen in den heimischen vier Wänden auskurieren. Gut, dann nahm ich eben noch einen Absacker und anschließend die Straßenbahn in Richtung Heumarkt. Mein Hotelbett rief.

Heinzelmännchen am Alten Markt

Bevor ich mich in mein 80-Zentimeter-Bett legte, bummelte ich über den leeren Weihnachtsmarkt am Alten Markt (18). Der Alte Markt ist auch außerhalb der Weihnachtszeit ein wichtiger Treffpunkt. Dort findet zum Beispiel der Auftakt zum Karneval am 11.11. sowie zum Straßenkarneval an Weiberfastnacht statt – mit dem Traditionsspiel Jan und Griet, einer Liebesgeschichte zwischen dem armen Knecht Jan und der Magd Griet.

Besonders süß fand ich die Heinzelmännchen, die auf den meisten Buden saßen. Ich liebe ja diese winzig-witzigen Gesellen. Bereits als Kind hatte ich wegen ihnen gerne Werbung geschaut. Könnt ihr euch noch erinnern? Der Alte Markt beziehungsweise die Kölner Altstadt sind ebenso außerhalb der Weihnachtszeit die Heimat der Heinzel. So sind sie in Köln eine feste Institution und erinnern an die fleißigen Helferlein, die durch ihr Engagement den Kölnern im 18. Jahrhundert ein besseres Leben ermöglichten.

Seit 1899 ziert der Heinzelmännchenbrunnen die Kölner Altstadt. Er steht fast vor dem legendären Brauhaus Früh. Errichtet wurde der Brunnen aber nicht bloß für optische Freuden. Vielmehr steckt eine Legende hinter dem Meisterwerk, die zu Teilen im Brunnen festgehalten ist. Vor vielen Jahren profitierten die Kölner nämlich exakt von dem, was ich mir stets wünsche: Heinzelmännchen, die über Nacht sämtliche Maloche verrichteten. Egal ob es sich dabei um Näh-, Back- oder Bauarbeiten handelte. Leider konnte damals die Frau des Schneiders ihre Neugierde nicht zügeln und wollte den Wichtelmännern auf die Schliche kommen. Zu diesem Zweck streute sie Erbsen, auf denen die Helferlein schließlich ausrutschten – und für immer die Flucht ergriffen. Seitdem müssen die Kölner wieder selbst ran, denn zurückgekehrt sind sie nie wieder. *„Liebe Heinzelmännchen, ich würde hoch und heilig versprechen, euch nicht bei eurer Arbeit zu stören."* Und vielmehr das tun, was ich an diesem Abend genoss: kaputt, aber glücklich ins Bett fallen.

Heinzelmännchenbrunnen

Mein Fazit

Köln ist tatsächlich en Jeföhl, und ich bin ein großer Fan der Domstadt. Nicht unbedingt wegen ihrer Schönheit, auch wenn es dort sehr hübsche Ecken gibt. Aber es ist vor allem der Menschenschlag und die Mentalität, die mich begeistern. Immer – aber vor allem zu Karneval.

Meine Bewertung:

Sightseeing:

Verkehrsmittel:

Essen & Trinken:

Shopping:

Links zu Köln

Heumarkt: http://www.cityinfo-koeln.de/php/heumarkt_koeln,2917,25235.html

Deutzer Brücke: http://www.stadt-koeln.de/4/bruecken/deutzer-bruecke/

Hohenzollernbrücke: http://www.stadt-koeln.de/4/bruecken/hohenzollernbruecke/

Kölner Dom: http://www.koelner-dom.de/

Gaffel am Dom: http://www.gaffelamdom.de/

Stadtgarten Köln: http://www.stadtgarten.de/

Aachener Weiher: http://www.koeln.de/koeln/freizeit/parks/aachener_weiher_607869.html

Fernmeldeturm Colonius: http://www.cityinfo-koeln.de/php/colonius,2914,715.html

Oma Kleinmann: https://www.beiomakleinmann.de/

Brauhaus Früh: http://www.frueh.de/

Bildnachweis

Alle Bilder innerhalb dieses Buches stammen von:

- Martina Dannheimer
- OpenStreetMap und Mitwirkende, CC BY-SA
- jara3000: http://www.shutterstock.com/pic-132687290/stock-vector-high-heel-shoes-silhouette.html?src=csl_recent_image-1